돈 때문에 돌겠네!

초판 1쇄 발행 2021년 10월 18일
초판 2쇄 발행 2022년 7월 20일

지은이　　권재원
펴낸이　　진영수
디자인　　김세라

펴낸곳　　영수책방
　　　　　출판등록 2021년 2월 8일 제 2022-000024호
　　　　　주소 10447 경기도 고양시 일산동구 중앙로 1079, 426호
　　　　　전화 070-8778-8424　팩스 02-6499-2123　전자우편 sisyphos26@gmail.com

ⓒ 권재원 2021
ISBN 979-11-974312-3-4

* 잘못된 책은 구입처에서 교환하여 드립니다.
* 이 책은 저작권법에 따라 보호받는 저작물이므로 무단 전재와 무단 복제를 금지하며,
  이 책 내용의 전부 또는 일부를 이용하려면 저작권자와 영수책방의 동의를 받아야 합니다.

　　　어린이제품안전특별법에 의한 제품표시
　　　제조자명 영수책방　**제조국명** 대한민국　**사용연령** 만 8세 이상 어린이 제품

처음 읽는 어린이 경제

돈 때문에 돌겠네!

| 권재원 지음 |

영수
책방

작가의 말

"돈 때문에 돌겠네!"라고 꽥꽥 소리를 지르면서 머리를 벽에 쾅쾅 박아본 적이 있니? 없다고? 그럼 다행이구나.

나는 있단다. 그것도 아주 여러 번. 돈을 잃어버려서, 물가가 너무 올라서, 이것저것 샀다가 나중에 신용 카드 비용이 빠져나가는 걸 보고. '돈 때문에 돌겠네'라고 뇌가 빠개질 정도로 울부짖었지.

돈 때문에 돌아 버린 경험을 몇 번 하고 나서 돈에 대해 좀 알아보기로 했어. 돈에 대해 뭘 좀 알면 '돈 때문에 돌겠다'라는 말을 하지 않을 거라 생각했거든. 그나마 머리가 멀쩡할 때

알아보는 게 좋으니 가능한 서둘러 돈에 관련된 책을 몇 권 읽어 보았지.

덕분에 물건 사는 데나 쓰인다고 여겨지는 돈이 얼마나 강력한 힘을 가지고 있는지, 돈 때문에 얼마나 세상이 들썩거리며 바뀌게 되었는지 실감하게 되었어.

지금 우리가 누리고 있는 모든 것, 심지어 돈과 상관없어 보이는 것까지도 돈의 영향을 받았어. 돈의 영향력은 상상을 초월할 정도로 강력해서 돈을 보다 신중하게 써야겠다는 생각이 들었지. 별것 아닌 것 같더라도 내가 쓰는 돈의 방향이 세상을 바꾸는 데 영향을 끼칠 수도 있으니까 말이야.

자, 너희들도 이 책을 읽고 돈 때문에 어떤 문제가 생기는지, 어떻게 돈을 써야 좀 더 돈을 잘 쓴다는 이야기를 들을지 확인해 보지 않을래?

차 례

1 돈, 정체가 뭐야?

돈이 좋아! • 10
이래서 돈이 필요해 • 13
쿠폰은 돈이 아니야? • 16
소금이 돈으로 쓰였다고? • 19
신용이 돈이라고? • 24

• 무에서 유를 창조하는 금융, 은행의 원리 • 28

2 돈이 가치를 매긴다고?

시장은 돈의 무대 • 34
가격을 어떻게 정하지? • 38
물가가 오르면 뭐가 문제지? • 42
돈을 많이 만들면 안 될까? • 47

• 튤립 투기로 보는 돈의 가치 • 52

3 돈이 세상을 바꾸다

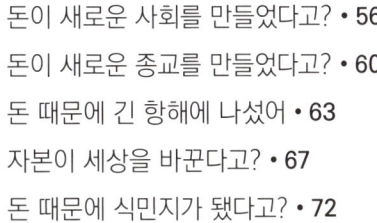

돈이 새로운 사회를 만들었다고? • 56
돈이 새로운 종교를 만들었다고? • 60
돈 때문에 긴 항해에 나섰어 • 63
자본이 세상을 바꾼다고? • 67
돈 때문에 식민지가 됐다고? • 72

• 경제 발전과 환경 파괴 • 76

4 돈으로 행복한 사회를 만들 수 있을까?

돈을 벌고 싶어도 벌 수 없다고? • 82
돈을 골고루 나눠 가지면 어떨까? • 88
세금은 왜 내지? • 93
왜 가난한 사람을 도와야 할까? • 98

• 행복한 소비, 기회비용 • 102

1
돈, 정체가 뭐야?

돈이 좋아!

🔴 돈을 좋아하는 사람들은 정말 많아. 어떤 사람들은 돈이란 말만 들어도 눈이 빛나고 입에 침이 고이기도 해.

그런데 좀 이상하지 않아? 따지고 보면 돈은 종잇조각에 불과한데 대체 왜 이렇게 사랑받는 걸까? 무늬가 예뻐서? 냄새가 좋아서? 유명한 사람들이 그려져 있어서? 그렇다면 진짜 돈과 똑같은 가짜 돈을 줘도 좋아할까?

사람들이 돈을 좋아하는 이유는 돈에 가치가 있다고 믿기 때문이야. 만 원짜리 지폐를 내면 만 원에 해당하는 물건이나 서비스(버스 이용, 병원에서 진료)를 받을 수 있다고 믿기 때문에 만 원이 소중한 거야.

돈의 진짜 모습은 믿음이야. 다른 중요한 것과 맞바꿀 수 있는 가치를 지니고 있다는 믿음이 있다면 돌멩이도 돈이 될 수 있어.

태평양의 작은 섬 '야프'에서는 '라이', 또는 '페이'라고 불리는 돌을 돈으로 사용해. 아무 돌이나 돈이 되는 게 아니라 근처 팔라우섬에서 캐낸 석회암만 돈으로 쓸 수 있어. 돌의 크기가 클수록 비싼 걸 살 수 있어. 집처럼 비싼 걸 사려면 아주 큰 돌이 필요한데 엄청나게 무거운 돌 화폐를 들고 왔다 갔다 하는 건 매우 힘들지. 그래서 이렇게 큰 '라이'를 사용할 때는 마을 주민들이 모여 이 돌이 저 사람의 것이라고 선언을 하면 돈을 낸 것으로 인정해.

그런데 굳이 왜 멀리에서 힘들게 돌을 가져와 돈으로 사용하는 거지? 돌 같은 걸 사용하지 말고 필요한 것끼리 바꾸면 더 편하지 않을까?

이래서 돈이 필요해

🔴 아주 옛날, 사람들이 농사를 지을 줄도, 도구를 만들 줄도, 사냥을 할 줄도, 집을 지을 줄도 몰랐을 때는 눈에 띄거나 잡히는 대로 먹고, 동물의 가죽으로 옷을 만들었고 동굴이나 움막에서 작은 무리를 지어 살았어. 이때는 살아가는 데 필요한 것을 전부 자신의 힘으로 구했기 때문에 돈이 필요 없었지. 필요한 것을 살 수 있는 가게도 없었고 말이야.

세월이 흐르면서 사는 방식이 바뀌기 시작했어. 씨앗을 뿌려 농작물을 키우고 도구를 사용하면서 농작물의 생산량도 늘어나고 사냥도 더 많이 할 수 있게 되었지. 그렇게 되자 필요한 것 외에 남는 것이 생겼고, 모여 사는 사람의 수가 늘어나면서 필요한 것의 종류가 점점 많아졌어. 사람들은 필요 없는 것을 다른 것과 바꾸려 했지만 물건을 바꾸는 일은 쉽지 않았지. 서로가 생각하는 물건의 가치가 다 달랐거든.

미리 정해 놓은 기준이 없다면 서로 자기가 가진 물건의 가치가 더 높다고 다투다가 결국 물물 교환을 못 할 거야. 자칫하면 물물 교환 대신 주먹 교환을 하게 되겠지.

이런 문제를 해결하기 위해 사람들은 가치를 재는 도구를 만들기로 했어. 길이나 무게를 저울이나 자로 재면 얼마나 무거운지, 긴지 알 수 있으니까 '어떤 게 더 길다', '더 무겁다'를 두

고 다툴 필요가 없는 것처럼 가치를 재는 도구가 있다면 어떤 것의 가치가 얼마나 되는지 알 수 있으니까 다투지 않겠지.

서로 다른 것들의 가치를 재기 위해 만들어진 것이 바로 돈이야. 돈은 가치를 측정하고 보여 주는 도구지.

쿠폰은 돈이 아니야?

🔴 지민 부모님은 지민에게 스티커를 모으면 장난감을 사주기로 약속을 했어. 약속이 지켜지면 스티커로 장난감을 살 수 있으니 스티커가 돈처럼 쓰였다고 할 수 있지. 하지만 스티커는 돈이라고 할 수 없어. 국가가 돈으로 인정한 게 아니니까 말이야.

돈이 가치의 '기준'이 되려면 사람들이 기준으로 받아들인다는 약속을 해야 해. '센티미터(cm)'를 길이를 재는 기준으로 정하자고 약속한 것처럼 말이야. 마찬가지로 공동체를 이루고 사는 사람들끼리 '돈'으로 사용하자고 약속한 것만 돈이 될 수 있지. 야프섬 주민들이 돌을 돈으로 이용하는 것이 한 예야. 우리가 사용하는 돈은 국가가 돈으로 사용하자고 법으로 약속(한국은행법 제47조에는 "대한민국의 화폐 단위는 원으로 한다"라고 되어 있다)한 거지.

돈은 아니지만 칭찬 스티커처럼 정해진 장소나 기간, 범위 안에서는 돈처럼 쓸 수 있게 약속한 것을 대안 화폐라고 해.

서비스를 돈처럼 사용하는 경우도 있어. 뜻을 같이 하기로 약속한 사람들끼리 돈을 사용하지 않고 서로 필요한 서비스나 물품을 교환하는 방식이야. 이들은 운영하는 기관이나 사이트에 회원 등록을 해서 무엇을 제공할 수 있는지, 무엇이 필요

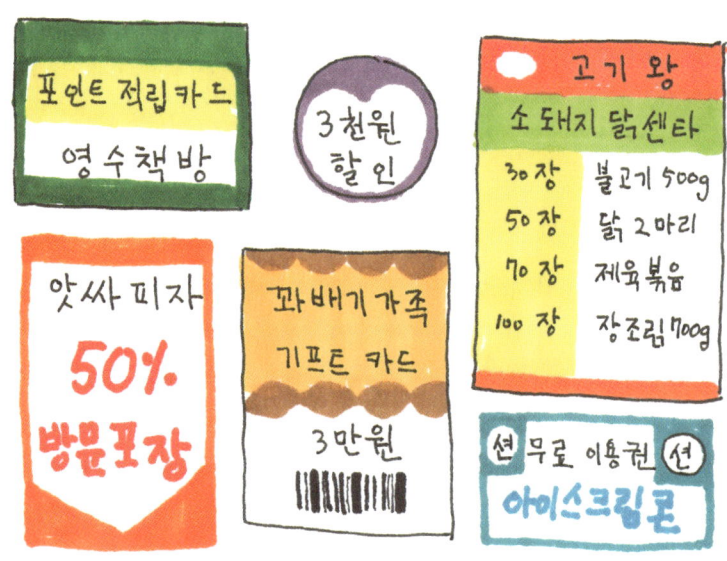

대안 화폐(쿠폰, 적립 포인트, 상품권 등)

한지 적어. 그럼 등록된 사람들은 서로가 필요한 것을 바꿀 수 있어.

    미용 기술이 있다면 필요로 하는 사람의 머리를 잘라 주고 얻은 포인트로 다른 회원이 만든 음식을 구입할 수 있지.

소금이 돈으로 쓰였다고?

🔴 고대 로마에서는 소금 막대기를 월급으로 받았다고 해. 이처럼 처음 사용된 돈은 곡식, 소금, 가죽, 가축처럼 살아가는 데 꼭 필요한 물건이었어. 그런데 물건을 돈으로 사용하는 건 불편한 점이 많았어. 곡식은 썩거나 벌레나 쥐가 먹어 버릴 수도 있고, 소금은 녹을 수 있고, 가죽은 가지고 다니기가 무겁고 잘못 보관하면 곰팡이가 피어 버렸거든.

멀리까지도 편하게 가지고 다니고 오래 보관하려면 잘 변하지 않고 크기도 작아야 해. 그래서 금속으로 돈을 만들었지. 금속은 변하지도 않고 여러 가지 모양으로 만들 수 있어서 돈으로 사용하기가 편리했어. 금속으로 만든 돈이 주화야.

주화를 처음 사용한 건 고대 왕국 리디아(오늘날의 터키 자리)야. 약 2800년 전에 리디아의 왕은 금과 은을 섞어 만든 주화를 돈으로 사용하도록 명령했어. 사람들은 왕을 믿었기 때문에 새로운 돈으로 물건이나 서비스를 사고팔 수 있었지. 주화에는 그 나라를 상징하는 동식물 문양이나 신, 지도자의 얼굴

리디아 왕국의 주화야.
왕을 상징하는 사자 머리가 새겨져 있어.

고대 그리스의 주화야.
아테나 여신이 새겨져 있지.

고대 인도, 마우리아 왕조의 주화야.
나라의 상징인 코끼리가 보이지?

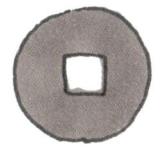

고대 중국, 주나라의 주화야.
가운데 구멍은 세계의 중심이 주나라라는
의미를 담고 있어.

등이 새겨졌는데, 이는 국가가 주화의 가치를 보장한다는 의미이기도 해.

금이나 은으로 만들어진 주화는 곡식이나 소금보다는 편했지만 가치가 작은 것을 살 때는 불편했어. 빵 한 덩어리를 사는 데 금을 사용할 수는 없잖아. 그래서 구리, 청동 등 다양한 금속도 사용하게 되었지.

그러다 정말로 엄청난 일이 일어났어. 종이돈, 지폐가 나타난 거야. 지폐를 처음 사용한 것은 중국이었지. 중국은 기원전 300년경부터 구리 주화를 사용했는데 주화를 만드는 데 필요한 금속이 충분하지 않았어. 구리가 없어 대신 철로 만든 돈을 사용했는데 무게가 어마어마했지. 그러다 중국에서 최초로 종이가 발명되었고 인쇄 기술을 이용해 새로운 돈, 종이돈을 만들어 낸 거야. 세계 최초의 지폐는 대략 1000년 전에 사용된 중국의 교자야. 차와 소금의 거래가 활발하던 때 돈을 지불하고 창고에서 차와 소금을 찾아가는 데 사용하던 영수증이 지폐가 되었어. 돈의 크기가 공책보다 커서 지폐를 옆구리에 끼고 다녔다지.

중국 황제는 지폐마다 일정한 가치를 매기고 지폐를 가져오면 금이나 은으로 바꿔 주겠다고 약속했어. 중국의 모든 지역에서 종이 화폐를 사용하도록 했지. 황제의 힘이 막강했기 때문에 사람들은 명령을 따랐고 종이돈으로 원하는 것을 살 수 있다는 사실을 믿었어.

마르코폴로와 지폐

이탈리아의 여행가 마르코 폴로는 13세기 말 중국에서 17년 동안 머물렀다. 그리고 그가 여행한 체험을 기록한 『동방견문록』은 유럽 사람들에게 동양에 대한 관심을 불러일으켰다. 『동방견문록』에는 중국의 지폐에 대한 기록도 있었다. 당시 마르코 폴로가 "중국 사람들은 금화 대신 종이로 돈을 대신하더라"라고 했더니 아무도 그 말을 믿지 않았을 정도로 지폐의 사용은 획기적인 사건이었다.

신용이 돈이라고?

🔴 교통 카드, 신용 카드, 현금 카드 등 각종 카드가 지폐를 대신하고 있어. 그중에서도 신용 카드 한 장만 있으면 대중교통 이용은 물론 온갖 물건을 다 사고, 병원도 다니고, 음식점도 가고, 비행기를 탈 수도 있지!

신용 카드는 뭘까? 왜 앞에 '신용'이 붙는 거지? 현금 카드랑 교통 카드랑은 뭐가 달라?

교통 카드나 현금 카드는 먼저 충전하거나 은행 계좌에 돈을 넣어 둬야 해. 카드를 사용하자마자 바로 돈이 나가니까. 충전된 돈이 부족하거나 은행에 돈이 없다면 사용할 수 없지. 그렇지만 신용 카드는 당장 은행에 돈이 없어도 물건을 살 수 있어. 돈이 바로 빠져나가는 게 아니라 나중에 돈을 빼기로 약속한 날 빠져나가니까 말이야. 한마디로 외상인 셈이지.

오늘날 형태의 신용 카드는 1950년 미국의 사업가 프랭크 맥나마라라는 사람이 사용하기 시작했어. 그는 음식점에 가서 식사를 하고 나오려는데 지갑을 사무실에 두고 온 걸 알았지. 하지만 그가 음식점 단골이고 믿을 만한 사람이었기 때문에 음식점은 그에게 나중에 음식 값을 내도 된다고 했어.

프랭크 맥나마라는 그 음식점을 다시 찾아가서 직접 만든 종이 카드를 내밀었어. 앞으로 식사한 뒤 카드에 표시하고 값을 나중에 지불하면 어떻겠냐고 제안했지. 음식점에서는 맥나마라를 믿고 제안을 받아들였어. 바로 이때 사용된 카드가 지금의 신용 카드로 이어져 온 거야.

신용 카드는 신용을 바탕으로 만들어지기 때문에 믿을 수 있는 사람에게만 발급해. 경제에서 신용은 규칙적으로 벌어들이는 수입과 현재 가지고 있는 재산에 따라 정해지지.

나중에 값을 치를 수 있기 때문에 매우 편리하지만 신용 카드 때문에 빚이 생기는 사람도 많아. 당장 돈을 내지 않으니까

한 달 동안 얼마나 돈을 썼는지, 얼마가 남았는지 잘 모르게 되거든. 돈이 있건 없건 당장 원하는 걸 손에 넣을 수 있기 때문에 충동구매도 하고 말이야.

요즘에는 일부러 신용 카드를 사용하지 않고 현금 카드나 현금을 사용하는 사람들도 늘어나고 있지. 쓴 돈이 바로바로 사라지기 때문에 얼마가 남았는지 즉시 확인할 수 있으니까 조심하게 되거든.

신용 카드와 현금 사용 실험

미국의 한 대학에서 신용 카드와 현금 사용에 대한 실험을 했다. 실험 대상 학생을 두 그룹으로 나눠 한 그룹은 현금으로 NBA 농구 결승 경기 표 경매에 참여하도록 하고, 다른 그룹은 신용 카드로 경매에 참여하도록 했다. 그랬더니 현금을 갖고 참여한 그룹이 써낸 가격의 평균은 28.51달러였는데, 신용 카드를 갖고 참여한 그룹이 써낸 가격의 평균은 60.24달러였다고 한다. 신용 카드가 있으면 좀 더 충동적으로 돈을 쓸 수도 있다는 걸 보여 준다.

 **무에서 유를 창조하는 금융,
은행의 원리**

　떡볶이를 사 먹고 싶거나 급하게 준비물을 사야 하는데 돈이 없어 친구한테 돈을 빌린 적은 없니?

　이렇게 필요한 돈을 빌리는 것을 금융 활동이라고 해. 은행은 대표적인 금융 기관이야. 은행은 돈을 안전하게 맡아 주고 돈이 필요한 사람에게 빌려주는 일을 하지. 빌려준 사람들에게 이자를 받아 예금한 사람들에게 나눠 주기도 하고 말이야.

　은행의 시작은 아주 오래전, 금이나 은이 돈으로 사용되었던 시절로 거슬러 올라가. 금이나 은은 무거워서 가지고 다니기가 불편했고 도둑맞을 위험도 매우 컸지. 안전하게 금을 보관하고 싶었던 사람들이 찾아간 곳이 금 세공사야.

금 세공사에게 금을 맡기면 보관 증서를 받았어. 보관 증서는 영수증 같은 것으로 금을 맡긴 사람의 이름과, 맡긴 금의 양, 날짜가 적혀 있었어. 보관 증서를 보여 주면 언제든지 자기가 맡긴 금을 찾을 수 있었지. 보관 증서는 가볍고 가지고 다니기가 편했기 때문에 돈처럼 사용되었어.

점점 많은 사람들이 금 세공사에게 금을 맡기고는 보관 증서만 받아갔어. 게다가 금을 맡기는 사람은 많은데 금을 찾아가는 사람은 별로 없었지. 그러자 금 거래상은 꾀가 났어.

금 세공사가 만든 보관증

금 세공사는 가지고 있는 금의 양보다 더 많은 금 보관 증서를 만들어 사람들에게 빌려주기 시작했어. 돈이 필요한 사람들은 금이 없어도 돈처럼 쓰이는 보관 증서를 빌리는 일이 많았지. 금 세공사는 보관 증서를 빌려주고 이자를 받아 돈을 많이 벌었어.

이것이 바로 은행의 원리야. 은행은 실제 가진 것보다 더 많은 양의 돈을 사람들에게 빌려줘. 돈을 빌려간 사람들이 돈과 이자까지 다 갚다 보면 은행은 처음에 가지고 있던 돈보다 훨씬 많은 돈을 벌게 되지. 이건 사기 아니냐고? 그렇게 생각할 수도 있지만 이런 금융 활동을 통해 보다 많은 사람들이 필요한 돈을 은행에서 구하고 있어.

금융 활동은 좋은 점이 있지만 위험하기도 해. 있지도 않은 돈을 함부로 빌려주었다가 사람들이 돈을 제대로 갚지 않으면 망할 수도 있거든.

'파산'이란 뜻의 영어 단어 'bankrupt'는 금 보관소의 고객들이 앉던 벤치가 부서진 것에서 나온 말이야. 함부로 대출을 해 주다 망해 버린 금 거래상 때문에 맡긴 금을 돌려받지 못해 화난 고객들이 벤치를 부숴 버렸거든.

　이런 일이 일어나지 않도록 국가는 은행에 예금되어 있는 돈의 양에 맞춰 대출 범위를 법으로 정해 놓았지. 그리고 만에 하나 은행이 파산하더라도 어느 정도는 국가가 보장을 하고 있어. 그래서 은행은 사람들에게 예금을 하라고 하는 거야. 예금이 되어 있어야 그 돈을 바탕으로 더 많은 돈을 빌려줄 수 있으니까.

2
돈이 가치를 매긴다고?

시장은 돈의 무대

🔴🟢 시장은 필요한 물건을 바꾸는 곳이었어. 바닷가에 사는 사람이 물고기를 산까지 가지고 가기에는 너무 멀어. 산에서 염소 등의 가축을 키우는 사람이 가축을 데리고 바다까지 가기도 힘들고 말이야. 게다가 필요한 게 딱 하나만 있는 건 아니야. 곡식을 가진 사람이 물고기, 가죽, 도자기, 가축 등 여러 가지 필요하다고 해서 일일이 찾아다니며 구하기는 힘들지. 자연적으로 필요한 것을 바꾸려는 사람들은 한 지점에 모이게 되었고 시장이 생겨난 거야.

시장이 생기자 물건을 바꾸는 활동은 아주 활발해졌어. 점점 더 다양한 물건들이 한곳에 모여들었지. 이런 상황에서 물건끼리 바꾸는 것은 아주 어렵기 때문에 돈을 만들어 사용하게 되었어. 그래서 시장은 돈의 탄생지라고도 할 수 있지.

시장은 시대에 따라 다양한 모습으로 변했어. 초기에는 각지에서 사람들이 생산한 것을 가지고 모였다가 장사가 끝나면 흩어졌지. 그러다 한자리에 자리를 잡은 가게들이 잔뜩 생겨났어. 갖가지 물건을 한 장소에 모아 놓고 파는 백화점도 등장했고. 지금이야 백화점이나 마트처럼 온갖 물건을 한 건물 안에서 파는 게 당연하지만 처음에 백화점이 생겼을 때는 사람들이 아주 신기해했어.

사회가 커지고 복잡해짐에 따라 시장은 물건을 파는 가게뿐 아니라 노동력이나 의술 등 각종 서비스도 사고파는 노동 시장, 주식을 파는 주식 시장, 돈을 사고파는 금융 시장 등 아주 다양해졌어.

과학 기술의 발전도 시장의 모습을 변화시켰어. 인터넷 쇼핑이나 TV 홈쇼핑처럼 아예 공간이 필요 없는 시장도 생겨났지. 이제 사람들은 집에서 TV를 보거나 휴대폰을 통해 집 안에 앉

아 손쉽게 물건을 사게 된 거야. 형태는 다양하지만 시장의 역할은 변하지 않아. 바로 돈이 움직이는 무대인 거야.

경제 활동

시장에서 일어나는 돈과 관련된 활동을 경제 활동이라고 하는데, 경제 활동은 크게 생산, 소비, 분배로 나뉜다.

생산 : 사람이 생활하는 데 필요한 물건이나 서비스를 만드는 일.
소비 : 돈을 쓰는 일. 군것질을 하고, 학교나 학원을 다니고, 지하철을 타는 모든 것이 소비다. 소비는 돈을 회전시키는 역할을 한다.
분배 : 생산으로 번 돈을 나누는 일. 월급을 받는 건 분배다.

생산, 소비, 분배의 경제 활동을 통해 사람들은 필요한 것을 만들어 내고, 필요한 것을 얻고, 서로 나눌 수 있다.

가격을 어떻게 정하지?

🟢🟡 가격에는 상품을 생산하는 데 필요한 돈, 생산비가 포함돼. 생산비는 상품을 만드는 재료값뿐 아니라 일하는 사람들에게 주는 임금, 포장비, 상품을 만드는 시설에 들어가는 돈, 전기료 등 모두를 말하지. 상품을 전국으로 운반하고 슈퍼나 백화점에 상품을 진열해서 판매하는 유통비, 상품을 홍보하는 광고비도 가격에 들어가지. 이 모든 것을 다 합치다 보면 가격은 처음 재료비의 몇십 배가 나올 수도 있어.

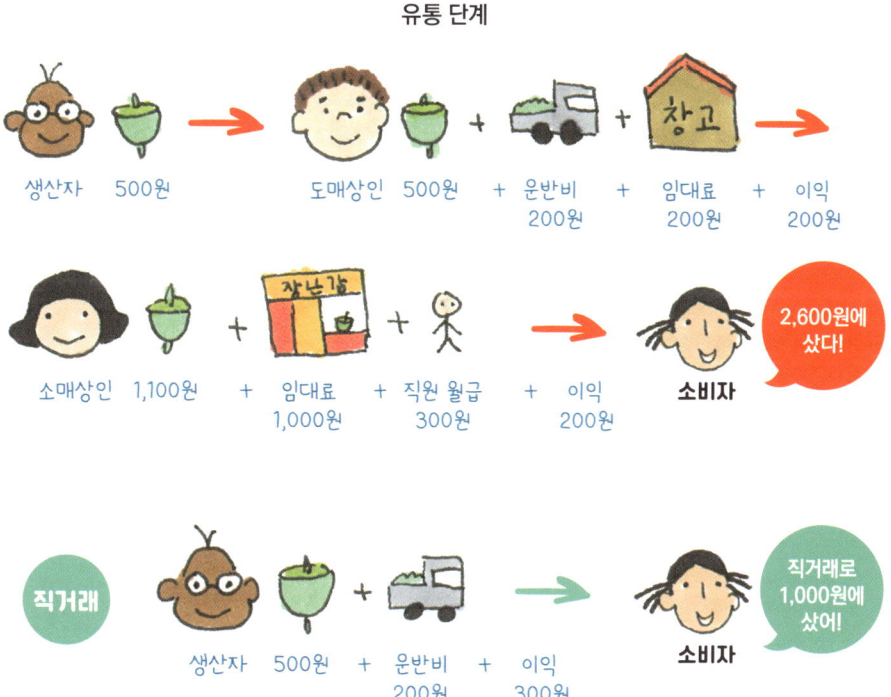

공장에서 나온 물건이나 농수산물이 도매상인이나 소매상인 또는 백화점을 거치게 되면 각각 단계에 있는 사람들이 이익을 남기려고 가격을 올리니까 소비자에게 가는 물건이 비쌀 수밖에 없어. 생산자와 소비자가 직접 거래를 하면 중간 단계가 없으니까 훨씬 싼 가격에 물건을 살 수 있지.

생산비, 유통비만큼이나 가격에 영향을 미치는 것이 또 있어. 바로 보이지 않는 손이야. 경제학자의 아버지라고 불리는 애덤 스미스는 '보이지 않는 손'이 시장에서 상품 가격을 정한다고 했어.

팔 물건이 없는데 살 사람이 많으면 가격은 오르고, 팔 물건은 넘쳐 나는데 살 사람이 없으면 가격이 떨어져. 그리고 물건을 파는 사람은 가격이 너무 비싸면 살 사람이 줄어드니까 마구 가격을 높일 수는 없지. 반대로 가격이 싸서 많은 사람들이 물건을 사려고 하면 가격을 올리게 돼.

시장에서는 물건의 가격뿐 아니라 양이나 종류도 자연스럽게 정해져. 많이 팔리는 물건은 더 많이 만들겠지만 그러다 안 팔리면 자연히 조금 덜 만들게 되겠지. 아무도 안 사는 물건은 시장에서 사라지고 사람들이 원하는 물건이 그 자리를 차지해.

사람들은 시장에 있는 여러 가게 중 제일 좋은 물건이 있거나 가격이 싼 곳에서 물건을 사기 때문에 기업은 서로 더 좋은 물건을 경쟁 상대보다 합리적인 가격에 만들어 내려고 노력해.

이렇게 물건의 가격과 양이 시장에서 저절로 조정되고, 서로 경쟁을 통해 좋은 물건을 만들어 낸다는 시장의 기본 원리가 애덤 스미스의 보이지 않는 손이야.

시장 질서를 무너뜨리는 독과점 기업

특정 상품을 한 회사가 전부 생산하는 걸 독점이라 하고 몇 개 안 되는 회사가 생산하는 걸 과점이라고 한다. 독점과 과점을 합쳐 독과점이라고 한다.

독과점 기업은 상품을 만드는 데 드는 기술과 비용을 감당할 기업이 얼마 없기 때문에 생긴다. 자동차, 휴대폰, 반도체 등을 만드는 대기업의 대부분은 독과점 기업이다.

독과점이 문제가 되는 건 시장의 기본 원리를 무너뜨리기 때문이다. 독과점 기업은 경쟁 상대가 없기 때문에 질 좋은 상품을 좀 더 값싸게 생산하려는 노력은 하지 않으면서 가격을 비싸게 붙여 큰 이익을 챙기려고 한다. 상품의 가격이 비싸도 다른 걸 선택할 기회가 없으니 소비자는 비싼 값을 내고 살 수밖에 없다.

물가가 오르면 뭐가 문제지?

🔴 물가란 시장에 나온 여러 가지 상품이나 서비스 가격의 평균을 낸 거야. 엄마는 물가가 올랐다고 하는데 뉴스에서는 물가가 제자리걸음이라고 하지. 이것은 기준으로 삼는 대상이 다르기 때문이야. 반 평균이 올랐다고 해서 모든 아이들이 다 점수가 오른 건 아니잖아? 성적이 오른 아이도 있겠지만 떨어진 아이도 있고 그대로인 아이도 있겠지. 물가도 마찬가지야.

물가가 지속적으로 오르는 현상을 인플레이션이라고 해. 물가가 오르는 이유는 시장에서 사용되는 돈의 양이 많아졌기 때문이야.

물가가 오르면 돈의 가치가 떨어져.
원래 1,000원으로 초콜릿 두 개를 살 수 있었는데,
가격이 올라 한 개밖에 사지 못해.

돈을 더 많이 벌면(소득이 늘어나면) 물가가 올라도 괜찮지만, 소득은 그대로인데 물가만 오르면 생활비가 많이 들어 불편한 일이 생길 수도 있어.

엄마, 아빠의 월급은 변함이 없는데 어느 날 삼겹살 가격이 많이 올랐다면 어떨까? 한 달에 두세 번 먹던 삼겹살을 한두 번으로 줄여야 할지도 모르지. 삼겹살뿐만 아니라 집에서 쓰는 생활용품, 가전제품 등 여러 가지의 가격이 오르면 생활은 많이 힘들어질 거야.

그런데 물가가 오르는 게 나쁜 것만은 아니야. 상품을 만들어 생산하기까지는 몇 달 또는 몇 년의 시간이 걸려. 원래 2만 원이었던 물건이 있는데, 만드는 동안 물가가 올라 3만 원에 팔 수 있다면 이익이 많이 남게 되잖아. 물가가 조금씩 올라야 기업은 생산도 많이 하고 일자리도 늘어나 경제 활동이 활발하게 이루어져.

물가는 오르기만 하는 건 아니야. 떨어질 때도 있지. 물가가 지속적으로 떨어지는 현상을 디플레이션이라고 해.

디플레이션은 시장에 돈이 별로 돌지 않을 때 생기는데, 사람들이 돈을 잘 쓰지 않는다는 의미야. 상품을 사려는 사람이 없으면 기업은 상품을 팔려고 가격을 내리게 되니까 디플레이션이 일어나지. 물가가 떨어지면 사람들은 싼값에 물건을 살 수 있어 좋지만 기업은 돈을 벌기가 어려워져.

　기업이 돈을 못 벌면 생산을 줄이게 되고 직원들 월급을 줄 수 없으니, 사람들은 일자리를 잃게 되지. 그러면 수많은 사람들의 소득이 줄어. 소득이 줄어들면 사람들은 돈을 더 안 쓰게 되고 물가는 계속 떨어지게 돼. 이렇게 되면 경기 불황으로 경제 활동은 제대로 이루어지지 않지.

사람들이 돈을 안 쓰면 가게들이 다 망하고 말아. 큰일이야.

큰 기업뿐만 아니라 작은 가게가 먼저 피해를 입게 될 거야. 임대료처럼 가게를 유지하려면 돈은 쓰게 되는데 손님이 오지 않아 돈을 예전처럼 벌 수가 없으니까. 그러다 망하는 가게가 점점 늘면 사회에 문제가 생기는 거야.

시장에서 돌고 도는 돈

시장에 돈이 많아진다는 것은 사람들이 돈을 많이 쓴다는 의미다. 예를 들어 수출을 많이 하면 외국에서 돈이 우리나라 시장으로 들어오니까 돈이 많아지고, 은행에서 사람들이 돈을 잔뜩 빌려 사업을 하거나 부동산을 사도 시장에 돈이 많아지게 된다. 시장에 돈이 많으면 물건의 가격은 올라간다.

반대로 시장에 돈이 적어지는 것은 사람들이 돈을 쓰지 않는다는 뜻이다. 돈을 쓰는 인구가 줄거나, 코로나 19 같은 전염병 때문에 사람들이 돈을 잘 안 쓰거나, 과학 기술의 발전으로 생산량이 확 늘어나면 물건의 가격이 떨어진다.

돈을 많이 만들면 안 될까?

🔴 어느 날 돈 나오는 기계를 갖게 되어 모두에게 나눠 주면 다 잘살게 될까?

절대 아냐!

돈이 없다고 돈을 많이 찍어 내면 큰일 나. 그렇게 되면 경제 질서가 와르르 무너지거든.

실제로 이런 일이 일어났던 적이 있어. 1차 세계 대전에서 진 독일은 어마어마한 금액의 전쟁 보상비를 전쟁에서 이긴 나라들에게 갚아야 했어. 그런데 독일은 전쟁으로 공장이나 농경지, 목축지 등의 산업이 모두 파괴되어서 보상금을 갚을 수가 없었지.

그래서 생각해 낸 것이 돈을 아주 많이 찍어서 빚 갚는 데 쓰기로 한 거야. 처음에 이건 아주 좋은 생각처럼 보였어. 돈을 만드는 건 식은 죽 먹기니까. 돈 만드는 기계에 종이를 넣고 무늬를 찍어 내면 되지.

독일은 돈을 왕창 찍어서 프랑스나 벨기에 등 승전국에게 줬고 돈을 받은 나라들은 그 돈으로 독일에서 나는 많은 생산품을 사들였어. 독일 정부는 계속 돈을 발행해서 빚을 갚았고 돈을 받은 나라는 그 돈을 독일 물건을 사는 데 썼지.

엄청난 양의 돈이 한꺼번에 독일 안으로 도로 들어왔고 독일 시장에 돌아다니는 돈은 3년 동안 거의 200배나 늘어났어. 그러자 아무도 예측하지 못했던 일이 일어났지. 물가가 엄청나게 오른 거야. 늘어난 돈처럼 200배 올랐냐고? 아니 몇천, 몇만 배나 올라 버렸어. 대체 어떻게 된 일일까?

돈은 넘쳐나는데 독일 사람들이 살 수 있는 집이나 식량, 물품은 부족했어. 모조리 승전국에게 넘어갔으니까. 돈으로 살 수 있는 물건이 별로 없는데 독일이 아무리 돈을 많이 찍어 내면 뭐해? 사람들은 물건을 사기 위해 아우성이었어. 물건, 집, 음식 등 모든 상품의 가격이 빠른 속도로 올라가자 불안해진 사람들은 현금을 금이나 물품으로 바꾸려고 했어. 이렇게 되

드시는 동안 물가가 올라서 3,756,800원을 내셔야 합니다.

니 물가는 더욱 더 빠르게 치솟았지. 물가가 오르는 속도가 어찌나 빠른지 줄을 서서 물건을 사려는 동안에도 계속 가격이 오르는 상황이었어.

돈의 가치는 사라진 것이나 다름없었어. 사람들이 수레 가득 돈을 싣고 가도 빵 한 덩어리를 겨우 샀고 급기야는 돈으로 휴지를 살 수 없으니 아예 돈을 휴지처럼 사용했지. 국가 경제는 최악의 상황이 되어 버리고 국민의 고통은 이루 말할 수 없었어. 비참한 상황이 계속되자 독일 국민들은 불안했고 이 틈을 타서 나치스 정당의 히틀러가 등장했어.

국민들은 히틀러가 독일 경제를 살리고 다시 독일을 강대국으로 만들어 줄 거라 희망했어. 하지만 히틀러는 독일 경제 문제를 해결하는 데 그치지 않고 세계를 정복할 야심에 가득 차서 2차 세계 대전을 일으키고 말았어.

독일에서 뿌린 위조지폐

2차 세계 대전 중 독일은 어마어마한 양의 위조지폐를 영국에 뿌려 경제를 무너뜨리려고 했다. 독일의 작전은 제대로 시행되지 못했지만, 독일의 위조지폐에 대한 소문은 온 나라에 퍼지고 사람들은 자기가 가진 돈이 위조지폐일지 모른다는 생각에 돈을 믿지 않게 되었다. 그래서 영국은 전쟁이 끝나자 사용하던 지폐를 모두 무효로 하고 새로운 지폐를 만들어야 했다.

 **튤립 투기로 보는 돈의 가치**

　돈은 상품의 가치를 보여 주는 기준으로 삼으려고 만들어졌어. 그런데 정말 돈이 나타내는 가치는 믿을 수 있을까? 상품은 정말로 가격만큼의 가치가 있는 걸까? 네덜란드의 튤립 소동 이야기를 통해 한번 생각해 볼까?

　튤립이 1593년에 처음 네덜란드에 소개되었을 때 귀족들은 이국적이고 비싼 튤립을 앞다투어 샀어.

　너도나도 튤립을 사려고 하자 튤립 가격은 마구 치솟았어. 급기야는 튤립 뿌리 하나의 가격이 황소 네 마리의 가격과 맞먹을 정도까지 올랐지. 일반 사람은 돈을 20년 동안 모아야 한 송이 살 수 있을 정도였어. 그런데도 사람들은 빚을 내서라도 튤립을 구했어. 나중에 가격이 더 올랐을 때 팔면 이익을 남기니까. 이렇게 이익을 위해 필요가 없는데도 상품을 마구 사들이는 걸 투기라고 하지.

튤립 구매에 대한 광풍은 1637년까지 계속됐어. 그런데 시장에 나온 튤립의 양이 수요보다 훨씬 많아졌고, 사람들은 '겨우 꽃인데 이렇게 비싸게 살 필요가 있을까?' 하고 깨닫기 시작해. 하늘을 찌를 듯이 높았던 튤립 가격은 순식간에 곤두박질치기 시작했지. 결국 한때 희귀 튤립은 집 한 채 가격으로 거래되었는데, 1638년에는 빵 한 조각의 가치가 되었어. 튤립 투기로 당시 네덜란드에서는 망하는 사람들이 너무 많았다고 해.

이처럼 가격에는 실제 상품의 가치보다는 사람의 욕심이 반영된 경우가 많아. 그러니까 상품을 살 때는 상품의 가격이 가치에 맞는지 곰곰이 따져 봐야 해.

나중에 비싼 가격으로 팔 수 있을 테니 빚을 내서라도 많이 사 두자.

전 재산을 털어 산 튤립이 빵 값도 안 될 정도로 떨어지다니…

3
돈이 세상을 바꾸다

돈이 새로운 사회를 만들었다고?

🟢🟡 민주주의란 국민이 주인인 국민을 위한 제도야. 지금이야 민주주의를 당연한 것으로 여기지만 옛날에는 대부분 왕과 귀족이 나라의 주인이었어. 왕과 귀족은 국민을 지배하고 국민은 왕이나 귀족에게 복종했던 시절에 고대 아테네에서 민주주의가 시작되었어.

아테네에서 민주주의가 시작된 이유는 국민이 왕이나 귀족보다 돈이 많았기 때문이야. 아테네는 바다와 접하고 있었기 때문에 해외와 무역 활동이 활발했어. 국내에서도 장사를 하는 상업과 상품을 만드는 공업이 모두 발달했기 때문에 부유한 사람이 늘어났지. 돈을 많이 번 시민들은 자신의 권리를 가지고 싶어 했어.

부유한 시민의 돈이 필요했던 귀족은 그들의 말을 들어주었고 결국 아테네에서는 시민들이 국가의 일을 직접 결정하는 민주 정치가 시작되었지.

'모든 사람은 자유롭고 평등하다'라는 생각은 산업 혁명이 이끌어 냈어. 산업 혁명 이전에는 넓은 땅을 가진 왕족이나 귀족들이 권력을 쥐고 있었지. 일반 사람들은 귀족에게 먹고사는 문제를 의지했어. 땅도 없고 마땅한 직업도 없는 사람들은 귀족 집에서 집안일을 하거나 귀족 땅에서 농사를 지으며 필요한 것을 얻었지.

그런데 산업 혁명이 일어나자 새로운 일자리가 엄청나게 많이 생겼어. 먹고살기 위해 귀족의 시중을 들며 농사를 짓던 사람들이 귀족에게서 벗어나 일자리를 구하고 돈을 벌 기회가 생긴 거야.

반면 일꾼을 부리기만 하던 귀족은 몰락해 버렸어. 아무리 큰 집과 넓은 땅을 가졌다 하더라도 일할 사람이 없으면 아무 소용이 없으니까. 이런 와중에 왕족이 지나친 사치를 누리기 위해 막대한 세금을 거두며 시민을 억압하자 1789년 프랑스에서 혁명이 일어났지.

프랑스 시민은 모든 사람이 자유롭고 평등하다며 왕을 끌

어내렸어. 이 사건은 유럽 전체를 흔들어 놓았고 미국까지 영향을 끼쳤지. 이후로 '모든 사람은 자유롭고 평등하다'라는 생각이 전 세계로 퍼져 나간 거야.

돈이 새로운 종교를 만들었다고?

🔴🟢 16세기에 살았던 교황 레오 10세는 사치스러운 것을 매우 좋아했어. 사치스런 생활을 하며 돈을 마구마구 썼지. 그런데다 화려하고 큰 성당을 짓기도 해서 교회는 재정난에 시달렸어. 교회는 큰돈이 필요한데, 어떻게 하면 큰돈을 구할 수 있을까? 레오 10세는 큰돈을 끌어들일 방법을 골똘히 생각을 하다가 아주 기가 막힌 계략을 떠올렸지. 면죄부를 팔자.

면죄부는 죄를 용서받았다는 증명서야. 옛날에는 교황이 사람의 죄를 용서해 주면 죽은 다음 지옥에 가지 않는다는 믿음을 가지고 있었지. 사람들은 죽은 가족이나 친구를 위해 면죄부를 샀어. 교황은 성직자들을 시켜 면죄부를 팔았고.

면죄부는 엄청나게 비쌌어. 당시 평민이 거주하는 작은 집 6개월 월세 또는 송아지 세 마리를 살 수 있는 비용이었지. 교회는 돈을 더 벌려고 죄의 항목과 천국의 종류에 따라 면죄부를 세분화해서 한 가족이 여러 장을 구입하도록 했고, 면죄부를 안 사면 지옥에 간다고 협박까지 했어.

교회의 횡포 때문에 많은 사람들이 경제적으로 시달렸어. 사람들이 힘들게 일해서 번 것을 모조리 교회에 빼앗겼지. 사람들의 불만은 엄청났지만 당시 교회의 권력은 막강해서 함부로 불만을 터뜨릴 수가 없었어.

하지만 용감하게 대항한 사람이 나왔어. 마르틴 루터였지. 대학에서 신에 대해 가르치던 루터는 교회가 하느님의 이름을 팔아 돈을 버는 건 말이 안 된다고, 면죄부의 잘못된 점을 95개나 적어 교회 문에 붙였지.

교회의 사치에 질린 사람들은 루터의 주장에 마음이 움직였어. 곳곳에서 새로운 종교를 만들자는 움직임이 일었지. 마침내 종교 개혁이 일어나 100년이 넘게 유럽 전체로 퍼졌고, 그 결과 개신교가 탄생했어.

돈 때문에 긴 항해에 나섰어

🍎 보물을 찾아 드넓은 바다를 항해하거나, 황금 도시를 찾아 아무도 가지 않은 땅을 가는 이야기는 언제 들어도 설레.

그런데 보물을 찾아 미지의 세계를 탐험하는 건 책 속에서만 일어나는 일이 아니야. 실제로 1500년 초 사람들은 황금을 찾기 위해 전 세계를 탐험했어. 배를 만드는 기술과 항해술이 발달하면서 긴 항해가 가능해진 덕분이었지.

그중 가장 유명한 사람은 이탈리아의 탐험가 콜럼버스야. 콜럼버스는 원래 해도(바다 지도) 만드는 일을 했는데 서쪽으로 계속 항해를 하면 인도까지 갈 수 있다고 믿었지. 당시에는 중국이나 인도에서 비단, 향신료, 황금 등 귀한 물건을 가져오려면 낙타를 타고 몇 년 동안이나 사막을 가로질러 가야 했거든.

항로를 발견하면 더 빠르고 안전하게 귀한 물건을 가져올 수 있기 때문에 콜럼버스는 새로운 바닷길을 발견하려고 했어.

콜럼버스는 에스파냐(오늘의 스페인)의 이사벨 여왕에게 계획을 설명하고 지원을 요청했어. 항해를 성공하면 엄청난 양의 금을 구할 수 있다는 말에 여왕은 콜럼버스를 지원했지. 그렇게 해서 콜럼버스는 항해를 떠났고 신대륙을 발견했어. 콜럼버스가 발견한 땅은 인도가 아니라 쿠바였지만 그는 죽을 때까지 그곳이 인도라고 믿었지.

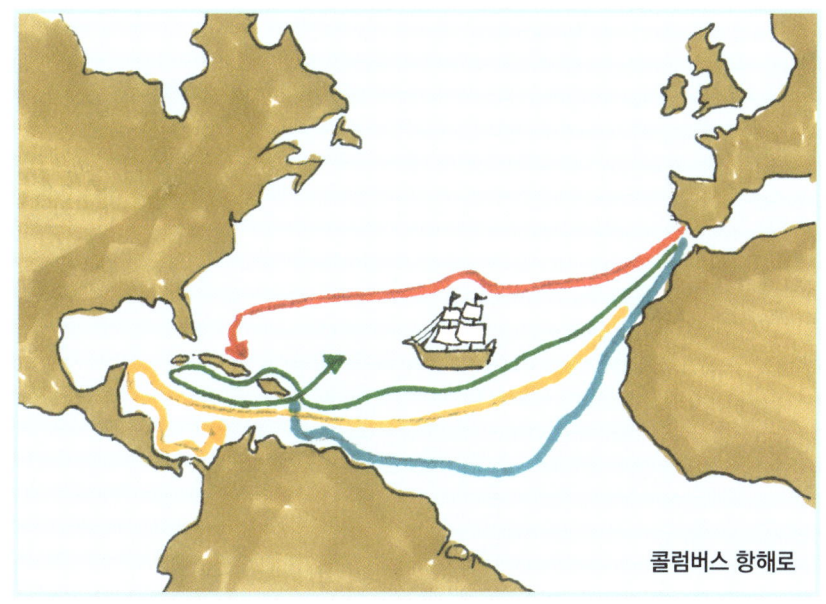

콜럼버스 항해로

사실 신대륙을 콜럼버스가 처음 발견했다고 할 수는 없어. 아메리카 대륙은 몇천 년 전부터 조상 대대로 살고 있던 원주민들의 땅이었지. 게다가 북유럽의 바이킹들이 이미 500년 전에 캐나다 해변까지 갔으니까 콜럼버스가 아메리카 대륙에 처음으로 도착한 유럽인도 아니야.

그런데도 콜럼버스의 항해를 중요하게 여기는 이유는 유럽인들에게 새로운 식민지를 개척할 기회를 줬기 때문이야. 콜럼버스 이후 수많은 탐험가는 금을 찾아 항해를 떠났고 포르투갈, 스페인, 영국, 프랑스, 네덜란드 등 유럽의 강대국은 신대륙은 물론 아프리카까지 식민지로 만들었어.

　유럽은 식민지에서 나는 금이나 은을 비롯해 철, 구리 등의 광물과 담배, 향신료, 옥수수 등의 작물 등을 닥치는 대로 가져왔고 새로운 땅을 얻고 부자가 되려는 유럽 사람들은 대거 식민지로 이동했어. 유럽은 신대륙에서 가져온 자원으로 부유하고 강력한 나라가 되었고 영토를 넓혔지.

　더 많은 '부'를 찾아 가 보지 못한 곳을 탐험하는 건 지금도 활발하게 진행 중이야. 남극이나 북극 등 오지를 탐험하는 것, 아무도 가 보지 못한 심해를 탐험하고, 우주를 탐험하는 것은 단순히 호기심을 만족시키기 위해서가 아니지. 새로운 자원, 새로운 영토, 새로운 돈의 원천을 찾기 위한 거야.

보물 찾기가 낭만적인 모험이 아니라 돈에 대한 욕심 때문이었다니!

자본이 세상을 바꾼다고?

🔴 '자본'이란 생산 활동에 필요한 재료, 기계, 시설을 마련하는 데 필요한 돈이야. 물물 교환을 하던 시절에는 자본이란 것이 없었어. 자본은 끝없이 쌓을 수 있어야 하는데 곡식이나 가축, 소금과 같은 물건은 그렇게 할 수 없잖아. 주화나 지폐처럼 언제까지나 보관할 수 있는 돈이 등장하면서부터 자본의 싹이 돋아나기 시작했어.

처음에 자본은 그다지 크지 않았기 때문에 자본으로 할 수 있는 건 기껏해야 웅장한 건물을 짓거나 군대를 만드는 정도에 그쳤지. 그러다 신대륙 발견 이후 15세기 말부터 17세기 초까지 유럽에는 식민지의 금과 은이 쏟아져 들어오고, 항해술의 발달로 세계 무역이 활발하게 이루어졌어. 이로 인해 엄청난 돈을 벌면서 막대한 자본을 가진 사람들이 등장했지. 그리고 이 자본을 바탕으로 산업 혁명이 일어났어.

산업 혁명이란 상품을 생산하는 방법이 손으로 만드는 수공업에서 기계로 만드는 공업으로 바뀌면서 사회 전반에 일어난 큰 변화를 말해. 1765년 영국의 제임스 와트가 물을 끓여 발생하는 증기로 기계를 움직이는 증기 기관을 발명했어. 기계를 작동시키면 빠른 속도로 많은 양의 상품을 만들어 낼 수 있으니까 사람들은 증기 기관을 설치한 공장을 짓기 시작했지.

기계로 상품을 생산하는 공장이 들어서면서 사회는 엄청난 속도로 변했어.

먼저 사람들이 물건을 값싸게 얻을 수 있게 되었어. 그전에는 모든 것을 손으로 만들었기 때문에 옷이나 모자, 그릇 등은 수량도 적고 가격도 매우 비쌌지. 그런데 공장에서 나오는 물건은 값도 싸고 질도 좋아서 사람들은 이전보다 많은 물건을 가지게 되었고 생활도 훨씬 풍족해졌어.

산업혁명 이전 — 으, 추워. 코트가 너무 비싸서 살 수가 없어.

산업혁명 이후 — 와, 공장에서 기계가 만든 옷은 값도 싸고 따뜻하네.

산업 혁명은 사람들의 직업에도 변화를 일으켰어. 사람들이 공장에서 기계로 만들어진 값싼 물건을 사고 비싼 수공업자의 물건을 사지 않자 수공업자들은 가게를 접고 공장에서 일하고 임금을 받는 노동자가 돼. 또 농촌에서 농사짓던 사람들도 도시로 몰려들었어. 당시 농사 기술이 발달해 열 명이서 할 수 있는 일을 다섯 명이서 할 수 있게 되었는데, 농지는 그대로라 많은 농민이 일을 하지 못했어. 그때 도시의 공장에 일거리가 생기니 농민들도 공장으로 가 노동자가 되었지. 이때부터 자본가와 노동자라는 새로운 사회 계급이 생겨났어.

또 다른 큰 변화는 철도가 들어선 거야. 공장을 세워 돈을 많이 번 자본가들은 빠르고, 값싸게 상품과 원료를 나르기 위해 철도를 설치했어. 객차들이 길게 연결된 기차를 이용하면 아무리 무겁고 큰 짐도 잔뜩 실어 나를 수 있으니까. 철도가 깔리자 영국에서 생산된 상품은 전 세계로 팔려 나갔고, 새로운 기계와 기술도 다른 나라로 퍼져 나갔어. 19세기 중반에 영국은 전 세계 석탄의 60%, 면직물의 50% 이상을 생산할 정도로 세계 경제를 지배하면서 '세계의 공장'이라는 별명을 얻었지.

자본은 끊임없이 세상이 변화하는 데 관여를 했어. 과학과 기술 발전에도 영향을 끼치고, 편리하고 다양한 상품을 사람들이 손쉽게 접할 수 있게 했지. 만일 자본이 없었다면 우리는 지하철이나 휴대폰, 컴퓨터 등도 구경할 수 없었을 거야.

자본과 의학의 발달

의학이 발달하기 시작한 것은 산업 혁명 이후 자본이 생기면서부터다. 사람의 병을 치료할 약을 개발하거나 대량으로 만들기 위해서는 엄청나게 많은 돈이 필요하기 때문이다.

사람의 목숨을 가장 많이 빼앗은 것은 바로 전염병이었다. 과거에는 전염병이 돌아 많은 사람들이 죽거나 불구가 되었다. 약 2500년 전에는 장티푸스 때문에 아테네 인구의 25%가 죽었고, 1346년부터 1350년까지 흑사병 때문에 유럽 인구의 60%가 죽었다.

그러다 의학의 발전으로 백신이 개발되었다. 백신은 예방 접종을 통해 사람 몸에 투여되어 전염병으로부터 보호해 주었다. 자본이 없었다면 백신 개발도 이루어지지 않아 사람들은 여전히 전염병의 공포에서 벗어날 수 없었을 것이다.

돈 때문에 식민지가 됐다고?

🔴🟢 콜럼버스의 항해 이후 신대륙을 신민지로 만든 유럽은 엄청난 부를 이루었지만 식민지가 된 나라의 상황은 처참했어. 특히 산업 혁명 이후 유럽에서는 많은 상품의 재료 확보를 위해 식민지의 자원을 싹쓸이해 갔지.

자원뿐만 아니라 식민지에 살고 있던 원주민들도 고통받았어. 산업 혁명 이후 유럽에서는 면직물 산업이 성행했는데, 면직물의 재료인 목화를 미국 땅에서 키웠어. 목화를 재배하려면, 아주 많은 사람의 힘이 필요해. 그렇다 보니 미국 땅에 있는 원주민과 아프리카에서 데려온 흑인들을 노예로 삼아 일을 시켰지. 노예가 된 사람들은 잘못도 없이 맞거나 죽는 일도 있었지만, 아무런 대항도 할 수 없었어.

식민지가 된 나라의 전통적인 산업이 망가지는 경우도 있었어. 산업 혁명 이전에는 인도의 면직물 산업이 세계 제일이었지. 그런데 인도를 식민지로 삼은 영국에서 인도에서 생산된 목화를 공짜나 다름없는 헐값에, 아니면 강제로 빼앗고는 영국으로 돌아가 공장에서 면직물을 생산했어. 그걸 다시 인도로 가져가 인도에서 면직물을 팔았지. 영국의 면직물은 대량으로 생산한데다 재료값도 거의 안 들었기 때문에 아주 쌌어. 결국 인도 사람들도 영국에서 만든 면직물을 살 수밖에 없었고, 인도의 면직물 산업은 완전히 무너졌지.

산업 혁명 이후 유럽은 정말 엄청난 경제 성장을 이루지만, 식민지는 큰 고통을 오랫동안 받아야 했어. 아프리카의 경우 식민지 시절을 거치며 땅이 망가져 버렸지. 본래 아프리카 땅에는 아프리카 사람들이 먹던 작물이 재배되고 있었는데, 식민지로 삼은 유럽 사람들이 들어오더니 이전 작물을 다 뽑아 버리고 사탕수수, 코코아, 담배처럼 돈이 되는 작물만 키우게 바꿔 버렸지. 거대한 농장으로 한 가지 작물만 재배하다 보니 땅은 점점 사막화되고 황폐해져 갔어. 이후 식민 지배에서 벗어났지만 예전 작물을 키울 수 없는 환경이 되었지.

식민지 문제를 옛날이야기라고만 할 수는 없어. 지금은 예전처럼 한 나라가 다른 나라를 지배하는 경우를 거의 볼 수 없지만, 경제적으로는 한 나라나 기업이 다른 나라 산업을 좌지우지하는 경우가 있거든.

여러 나라에 공장이나 농장을 갖고 전 세계에 제품을 파는 거대 기업을 다국적 기업이라고 하는데, 다국적 기업이 옛날 강대국처럼 가난한 나라에서 생산되는 재료를 헐값에 사들이는 일이 있어. 가령 초콜릿을 만들어서 판매하는 다국적 기업에서는 아프리카에서 주원료인 카카오를 사들이는데, 카카오

농장 주인과 계약을 맺어 아주 싼값에 카카오를 수입해. 다국적 기업과 계약하지 않고서는 당장 먹고살 길이 없는 농장 주인은 어쩔 수 없이 싼값에 넘길 수밖에 없고 말이야. 다국적 기업은 엄청 힘이 세거든. 이때 피해를 보는 건 카카오 농장의 농부들이야. 매일매일 일은 하지만 쥐꼬리만 한 돈밖에 벌지 못하지.

 ## 경제 발전과 환경 파괴

　사람들은 경제 발전으로 인해 예전보다 더 많은 것을 누리며 편리하게 살고 있지만, 한편에서는 환경이 파괴되고 있어.
　공장에서 제품을 생산하는 과정에서 각종 화학 물질이 쓰이고, 오염된 물, 지구 온난화에 영향을 끼치는 이산화탄소, 공기를 오염시키는 미세 먼지 등이 배출돼. 과일이나 채소를 키우는 과정에서도 환경 오염이 일어나. 과일, 채소를 빨리, 예쁘게 키우려고 쓰는 농약이나 화학 비료로 인해 흙은 스스로 영양분을 만드는 능력을 잃어 버리고 좋은 미생물이 사라지고 있어.

이게 하루 동안 우리 도시에서 나온 쓰레기라니!

고기나 우유, 계란을 얻기 위해 가축을 기르는 것도 마찬가지야. 비좁은 우리에서 사는 동물은 스트레스를 받아 병에 걸리기 쉽기 때문에 항생제를 투여하고, 빨리 성장하라고 성장 호르몬제도 잔뜩 주사하지. 문제는 각종 항생제와 호르몬제를 섭취한 동물의 배설물과 피와 찌꺼기 등에는 독성이 가득하다

는 거야. 배설물 등이 땅과 물속으로 흘러가며 환경을 오염시키지.

생산 과정뿐 아니라 소비 과정에서도 또 다시 환경이 오염돼. 음식이건, 공산품이건 모든 상품은 포장되어 있는데 포장 재료는 버리잖아. 가구, 컴퓨터, 가전제품 등도 다 쓰고 나면 버리지. 버려진 물건이 제대로 재활용되지 못하면, 땅속에 묻히거나 태워지는데, 이때도 유독한 가스가 나와 공기를 오염시켜.

환경은 파괴되지만 기업은 생산을 줄이려는 노력을 하지 않아. 오히려 더 많이 생산해서 더 많이 팔아 돈을 벌 궁리만 하고 있지. 돈을 많이 벌고 편리하게 생활하기 위해 생산을 하면 할수록, 소비를 하면 할수록 환경은 점점 더 오염될 수밖에 없는 거야.

경제 활동도 활발히 하면서 자연도 지키려면 모두의 노력이 필요해. 정부는 환경 오염에 큰 영향을 끼치는 산업을 규제하거나 관리할 수 있고, 기업은 친환경적인 제품을 만들려고 노력할 필요가 있어. 재활용 제품을 활용할 방법도 고안하고 말이야.

소비자는 꼭 필요한 것만 쓰고, 가능한 친환경적인 방법으로 물건을 생산하는 기업의 제품을 이용할 필요가 있지. 환경 오염에 문제가 된 제품을 사지 않다 보면, 기업도 점점 환경 문제에 관심을 갖고 경제 활동을 하지 않을까? 기업이 가장 무서워하는 게 자신들의 물건을 사 주는 소비자니까.

4
돈으로 행복한 사회를 만들 수 있을까?

돈을 벌고 싶어도 벌 수 없다고?

🟢 열심히 일한 농부가 게으른 농부보다 더 잘사는 건 당연한 거야. 가난하더라도 열심히 일하면 부자가 될 수 있다는 건 정당할 뿐 아니라 일에 대한 동기 부여가 되기도 하지.

그런데 이제는 열심히 일하면 부자가 된다는 건 옛말이 되어 버렸어. 아무리 열심히 해도 가난에서 벗어나지 못하는 사람들이 한둘이 아니고, 그 수도 늘어나고 있어. 돈을 제대로 벌 수가 없어서 집을 사거나 가정을 꾸리는 일도 어렵지.

현대 사회에서 가난은 한 개인의 문제가 아니라 사회의 문제가 되었어. 가난한 사람들이 열심히 일하려고 해도 일할 기회조차 얻지 못하는 경우가 많아. 일단 좋은 일자리가 확 줄어들었지.

옛날에는 기업에서 일하는 사람들이 많았지만 지금은 돈이 많은 대기업부터 비싼 기계, 우수한 장비, 첨단 기술을 이용하기 때문에 일하는 사람을 대폭 줄였어. 은행만 해도 예전에는 사람이 직접 하던 일을 컴퓨터나 ATM 기계 등이 대신하니까 직원의 수도 줄고 지점도 많이 사라졌지. 뿐만 아니라 식당도 무인 주문기 등을 둬 종업원 없이 돈과 주문을 받기도 하고, 인터넷 쇼핑몰이 성행해 가게 자체도 줄어들었어.

일자리를 구하지 못한 사람들은 서로 일자리를 찾아 경쟁

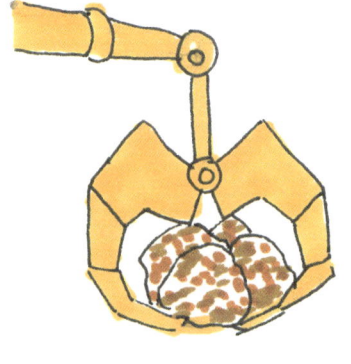

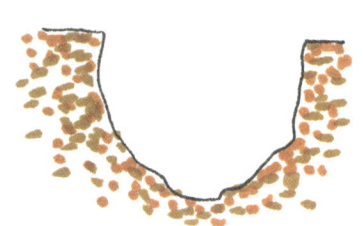

니 기업은 낮은 임금만 주고 직원을 부리려고 해. 일자리를 구하는 사람들은 어쩔 수 없이 낮은 임금으로 일할 수밖에 없는 상황에 놓이는 거야. 그러다 보니 비정규직이 늘어났어. 비정규직 노동자는 회사와 일정 기간 동안만 계약을 맺고 일하는 사람들이야. 언제든지 계약 기간이 끝나면 회사에서 쫓겨날지도 모르기 때문에 불안감 속에서 일을 해야 하지. 게다가 임금이

낮아도 회사에서 부당한 대우를 받아도 불만을 터뜨릴 수가 없어.

직업에 따라 임금의 차이가 심한 것도 문제야. 의사, 변호사, 대기업 임원과 같은 직업을 가진 사람들과 가사 도우미, 경비원, 연극배우와 같은 직업을 가진 사람들의 임금 격차가 많게는 스무 배 가까이 난다고 해.

똑같은 시간을 일하는데도 직업이 달라서 버는 돈이 차이가 심하면 너무 억울하다는 생각이 들지 않을까? 상대적으로 돈을 벌지 못하는 사람들은 박탈감을 느낄 수밖에 없지. 그럼, 돈을 많이 벌 수 있는 직업을 가지면 되지 않겠냐고? 그건 쉬운 일이 아니야.

돈을 많이 벌 수 있는 전문직으로 일하려면, 많은 걸 배워야 해. 그런데 가난한 사람과 부자들이 얻을 수 있는 배움의 기회는 공평하지 않아. 아무런 걱정 없이 공부할 수 있는 환경의 사람과 먹고살 궁리를 하면서 공부하는 사람은 시작부터 차이가 있지. 집에 돈이 많아서 어릴 적부터 비싼 학원을 다니며 종일 공부한 사람과 집에 돈이 없어서 틈틈이 아르바이트를 하며 시간을 쪼개 겨우 공부한 사람이 공평하게 공부했다고 할 수 없지 않을까?

그리고 학비가 너무 비싸 가난 때문에 꿈을 포기하는 사람들이 많아. 실제로 판사나 변호사가 되려면 법학 전문 대학원에서 공부하고 졸업해야 하는데 학비가 너무 비싸 입학조차 못하는 사람들이 많다고 해.

더 큰 문제는 부를 후손에게 대물림한다는 거야. 무슨 말이냐고? 만약에 할아버지가 부자라면 부모도 부자가 되고 그 자식도 부자가 될 가능성이 높다는 말이야. 반대로 할아버지가 가난하면 부모도 자식도 가난할 가능성이 높지. 이 격차는 세대를 거듭할수록 점점 더 심해지고 있어. 아무리 열심히 일해도 가난에서 벗어나지 못하는 사람이 돈이 많은 부모를 두어 더 좋은 교육의 기회를 얻고 안정적인 생활을 하다 돈을 많이 벌 수 있는 직업을 구하는 사람을 본다면 너무 허탈한 마음이 들지 않을까? 가난한 부모는 가난을 대물림한다는 죄책감이 들고 말이야.

정부는 이런 사회 불평등 문제를 해결하기 위해 애를 쓰고 있어. 최저 임금을 보장하고, 미성년자를 고용하는 것을 막고, 노동자가 너무 안 좋은 환경에서 일하지 않도록 근로기준법이나 산업재해보상보험법 등을 만들었어. 하지만 경제적인 불평등은 좀처럼 해결되지 않고 있어.

배상금에 나타난 차별

배상금이란 피해를 입은 사람에게 주는 돈이다. 배상금처럼 피해 보상을 돈으로 치르는 건 아주 오래전부터 있었다. 누군가를 다치게 하면 경제적 피해를 입히는 것과 마찬가지로 여기고, 경제적 피해를 보상한다는 의미로 배상금을 지불했다.

배상금이 언제나 공평하게 적용되는 건 아니었다. 배상금은 피해를 입은 사람의 신분에 따라 천차만별이었다. 수메르의 함무라비 법전에 따르면, 귀족이 하인의 다리를 부러뜨리면 벌금만 내면 되었지만 귀족의 다리를 부러뜨리면 다치게 한 사람의 다리도 부러뜨리도록 했다. 신분 격차가 클수록 형벌은 더욱 가혹했다.

신분에 따른 배상금의 차별은 여전히 존재한다. 똑같은 피해를 입어도 경제적 능력, 나이, 계급 등에 따라 배상금이 달라질 수 있다. 세월호 사건에서도 정식 교사 피해자가 받는 보험금을 기간제 교사 피해자는 받지 못하는 일이 있었다. 정규직이 아닌 비정규직이기에 받는 차별이었다.

돈을 골고루 나눠 가지면 어떨까?

🔴 사람마다 직업마다 똑같이 돈을 잘 벌 수는 없겠지만, 사람 간에 불평등은 점점 심해지고 있어. 이런 불평등은 어떻게 하면 좋을까?

150년 전쯤에 마르크스와 엥겔스 같은 학자들은 상품을 생산해서 얻은 이익을 모두가 똑같이 나누어 가져야 한다고 주장했어.

이 주장에 따라 '똑같이 일하고 똑같이 나눈다'는 공산주의가 탄생했어. 공산주의를 택한 대표적인 나라가 러시아(구소련)야. 공산주의 국가에서는 모든 국민이 노동자가 되고, 모든 산업 시설은 국가가 소유했어. 그리고 상품은 시장에서 거래되는 대신 국가가 필요한 것을 똑같이 배급했지. 먹을 것, 입을 것 등 모든 걸 말이야.

공산주의 국가의 정책은 처음에는 아주 이상적으로 보였어. 개인 재산을 인정하지 않고 똑같이 나누면 모두 다 평등하고 행복하게 살 수 있을 거라고 생각했거든.

그런데 실제로는 전혀 그렇지 못했어. 공산주의 국가의 경제 상황은 급격히 나빠졌고, 모두가 가난하게 되어 버린 거야. 공산주의 정책은 사람들에게서 일할 의욕을 빼앗아 버렸어. 남들보다 열심히 일해도 똑같은 걸 가져야 하니 일한 만큼 보상을 받지 못한다고 생각한 거야. 그러다 보니 각종 산업의 생산력이 점점 떨어졌고 국가와 국민은 점점 더 가난해졌어.

또 모두가 평등했던 것도 아니야. 노동자를 감독하는 일을 정부의 관리들이 맡았는데, 이들은 권력이 있으니 생산된 물건을 빼돌려 더 많이 가졌어. 결국 획일적인 공산주의 정책은 불평등도 해결하지 못한 채 국민들의 경제력마저 빼앗아 실패할 수밖에 없었지.

공산주의 국가와 달리 자본주의 국가에서는 정부가 사람들의 경제 활동을 간섭하지 않으려 했어. 덕분에 돈이 돌고 돌아

경제가 발전하고 많은 자본가가 나타났지. 하지만 자본주의에서도 문제가 생겼어. 돈이 많은 자본가는 점점 더 부자가 되고 빈곤한 사람은 점점 더 가난해져서 사람 간에 불평등과 양극화가 심해진 거야. 정부가 사람들의 경제 활동에 좀 더 관여할 필요성이 있었지.

그래서 자본주의 국가에서도 공산주의 정책의 일부를 받아들일 수밖에 없었어. 바로 복지 제도와 같은 것이지. 복지 제도는 모든 국민이 평등하고 행복하게 살 수 있도록 만들어진 거야. 특히 사회의 약자들이 스스로 일어설 수 있게 도와주지.

지금과 같은 복지 제도를 처음으로 실시한 나라는 독일이야. 1883년 노동자들을 위한 의료 보험법을 시작으로 산업 재해 보험, 노령 연금 제도 등이 생겼지. 그러다 세계 대전 이후 실업자, 사회 불평등, 가난 등의 문제가 심각해지자 미국과 서유럽의 여러 나라도 독일처럼 여러 가지 복지 정책을 펼치기 시작했어.

현재 우리나라에서 초등, 중등, 고등학교 교육이 무료인 것도, 병원에서 치료를 받았는데 병원비의 일부를 정부에서 부담하는 것도, 버스나 지하철 등 대중교통을 싸게 이용할 수 있는 것도 모두 복지의 일부야. 복지 제도 덕분에 학생 때는 돈 벌

고민 없이 학교를 다닐 수 있고, 가난해도 병원에서 치료도 받을 수 있지. 복지 제도가 사회 불평등을 조금이나마 해소하고 있는 거야.

상대적 박탈감

상대적 박탈감은 '가지고 있지 않아서' 생기는 것이 아니라 '남들보다 더 가지지 않아서' 생긴다. 나는 가난한데 주변 사람은 잘산다고 서로 다른 처지를 비교하면서 박탈감이 든다. 화려하고 고급스러운 물건이나 호화로운 생활을 보이는 소셜 네트워크 서비스(SNS)도 상대적 박탈감을 부추기는 데 한몫을 하고 있다.

상대적 박탈감이 들면 늘 무엇인가 부족하다는 기분에 시달리고 끊임없이 소비하고 싶은 욕망에 사로잡힌다. 나 자신을 초라하고 부끄럽게 여기게 되고 사람들과 못 어울리고 소외감이 들기도 한다. 이렇게 되면 다른 사람에게 불만을 가지고, 최악의 경우에는 사람들을 공격하는 일도 있다.

세금은 왜 내지?

🔴 더 많은 사람에게 복지의 혜택이 돌아가게 하려면, 그만큼 국가에서는 더 많은 돈을 써야 해. 이때 국가에서 쓰는 돈은 세금을 통해 마련해.

국민은 누구나 세금을 내. 어른, 아이 할 것 없이 세금을 내지. 물건을 사고 받은 영수증을 보면 '부가 가치세'라는 항목이 있는데, 이게 바로 세금이야. 시장에 나온 대부분의 상품에는 이처럼 세금이 붙어 있지. 아이들도 물건을 살 때마다 세금을 내는 셈이야.

세금은 '지켜 줄 목적으로 사용되는 돈'에서 시작되었어. 머나먼 옛날 제대로 된 국가가 형성되기 전, 시도 때도 없이 나타나 재산을 빼앗고 목숨까지 위협하는 강도에게 시달리던 사람들은 힘이 센 사람에게 돈을 주고 자기들을 지켜 달라고 했어. 이 돈이 세금의 시작이야. 이때 돈을 받고 사람을 보호하던 강한 자가 그 지역의 지배자, 혹은 왕이 되었지.

왕은 사람들이 낸 돈으로 군대를 만들어 사람들을 보호했어. 그밖에도 도로를 놓는다거나 농사에 지을 물을 끌어오는 수로를 만들거나 성벽을 짓는 일 등 사람들 스스로 하기 어려운 일을 진행했어. 그러다 그 지역에 사는 사람이 늘고 사회가 커지자 왕은 자신과 함께 백성을 다스릴 관리를 거느렸어. 왕

은 농부, 상인, 수공업자 등 백성이 일해서 번 돈의 일부를 세금으로 걷어 나라를 다스리는 데 쓰고 관리들에게 보수로 주었지.

사회가 바뀌면서 왕은 사라졌고 세금의 역할은 훨씬 복잡해졌지만 핵심은 여전히 똑같아. 세금은 국민이 낸 돈이고, 국민을 위해 쓰여야 할 돈이지. 세금은 주로 다른 나라의 침략으로부터 나라를 지키고, 범죄로부터 국민을 보호하고 안전한 사회를 만드는 데 사용해. 특히 요즘에는 복지 사업에 드는 세금이 점점 늘고 있어.

누구나 복지의 혜택을 누리려면 세금도 많이 내야 해. 복지 제도가 잘 갖춰진 나라의 경우, 국민들이 세금을 엄청나게 많이 내. 일해서 번 돈의 거의 절반을 세금으로 내기도 하지.

복지 제도가 좋은 나라에서는 일을 하지 않아도 어느 정도 먹고살 수 있어. 그러다 보니 일을 하지 않고 복지 혜택만 누리려는 사람도 생기지. 이런 복지의 부작용을 '복지병'이라 부르기도 해.

우리나라는 의료 보험 제도가 아주 잘되어 있어서 누구나 쉽게 병원에 가서 진료를 받을 수 있어. 그러다 보니 작은 질환에도 큰 병원을 찾거나 함부로 구급차를 이용하는 일도 있지. 이런 일이 쌓이고 쌓이다 보면 세금이 낭비되어 나중에는 정말 의료 혜택이 필요한 사람이 제대로 혜택을 못 받는 일이 생길지도 몰라.

사회가 복잡하고 커질수록 복지 비용은 늘어나. 그래서 복지 사업을 어떻게 변화시켜야 할지 고민이 커지고 있어. 영국 같은 경우는 1945년 '요람에서 무덤까지'라는 구호 아래 전 생애에 걸친 복지 제도를 만들었어. 그렇지만 1990년 이후 급격

복지 정책의 변화

과거에는 배고픈 사람에게
물고기를 먹여 주었다면,

지금은 물고기를 잡는 법을
가르쳐 주고 있지.

하게 늘어난 복지 비용을 감당할 수 없어서 복지 정책의 내용을 바꾸기 시작했지. 가장 큰 변화는 무턱대고 혜택을 주기보다는 직업 훈련이나 무상 교육 등을 통해 복지 혜택이 필요한 사람들이 자립할 수 있도록 도와주는 거였어.

왜 가난한 사람을 도와야 할까?

🔴 1930년 미국의 한 재판장, 가게에서 빵 한 덩어리를 훔친 노인이 재판을 받고 있었어. 노인은 나이가 많아 일자리를 구할 수 없었고, 일을 못하니 돈이 한 푼도 없어 며칠 내내 굶주리고 있었지. 그러다 너무 배가 고픈 나머지 빵을 훔쳐서 재판을 받게 된 거야. 노인의 사정을 들은 판사는 판결을 내리며 이런 말을 했지.

"아무리 배가 고파도, 비싸지 않은 걸 훔쳤다 해도 절도는 범죄입니다. 법대로 10달러의 벌금을 내야 합니다. 그러나 빵을 훔친 것은 노인의 책임만이 아닙니다. 노인이 일자리를 구하지 못하고 굶어 죽을 지경에 이를 때까지 아무런 도움도 주지 않는 사회를 만든 우리 모두에게 책임이 있습니다. 그러므로 저는 10달러의 벌금을 내겠습니다. 이 법정에 있는 시민들도 50센트의 벌금을 내주실 것을 부탁합니다."

판사는 지갑에서 10달러를 꺼내 모자에 담았고 이것을 본 사람들은 아무도 반대하지 않고 판사의 말대로 벌금을 냈어. 판사가 말한 50센트보다 더 많은 돈을 낸 사람도 있었지. 판사는 모인 돈을 모두 노인에게 주었어. 노인은 벌금으로 내고 남은 돈을 모두 가지고 법정을 떠났대.

이 판사의 이름은 피오렐로 라과디아야. 라과디아는 1933년부터 1945년까지 12년 동안 뉴욕 시장을 세 번이나 역임하며, 사람들에게 많은 존경을 받았어. 그가 죽은 후에는 그의 이름을 딴 라과디아 공항도 세워졌지.

너희들은 라과디아 판사의 행동에 대해 어떻게 생각해? 라과디아 판사는 단순히 노인이 불쌍해서 도와주려 한 걸까?

라과디아 판사는 사회의 책임을 이야기했어. 생존에 필요한 기본 소득도 해결할 수 없을 정도의 가난은 개인의 게으름이나 무능함 때문이 아니라 사회의 문제라고 말하고 싶었던 거야. 라과디아 판사의 행동은 우리가 왜 주변에 관심을 가져야 하는지, 국가의 복지 정책이 왜 필요한지를 보여 주지.

국가는 모든 국민의 행복을 살필 의무가 있어. 국민들이 평등한 기회를 가질 수 있도록 해야 하고, 최소한 먹고살 걱정은 하지 않도록 해야 하지. 하지만 국가가 모두의 환경을 살피는 데는 분명 한계가 있어. 국가의 할 일은 많고 국민 개개인은 너무 많잖아. 그때 필요한 게 우리의 관심이야.

주변의 어렵거나 힘든 사람들에겐 다른 사람들의 관심이 필요해. 왜 힘들게 살 수밖에 없는지, 무슨 문제가 있는지, 도울

방법은 뭐가 있을지 알아볼 수도 있지. 자선 단체를 통해 도움을 주는 것도 좋은 일이야. 한 사람이 일일이 돌아다니며 어려운 사람을 돕는 일은 쉽지 않아. 그래서 여럿이 모여 함께 자원봉사나 후원, 교육, 생필품 전달 등의 일을 하는 게 자선 단체야. 한 명이 낸 만 원으로는 별로 도울 수 있는 게 없지만, 여러 명이 만 원을 내서 모인 돈은 큰 도움이 될 수 있으니까.

 ## 행복한 소비, 기회비용

경제 용어 중에 '기회비용'이란 말이 있어. 가지고 있는 돈은 정해져 있는데 하고 싶은 게 많을 때는 각각의 즐거움을 따져 보고 포기할 것과 취할 것을 결정해야 하잖아? 어떤 것을 선택했을 때 포기한 것의 가치, 즐거움을 기회비용이라고 하지. 무엇인가를 사지 않는다면 그 돈으로 다른 것을 살 기회가 아직 남았다는 거야.

기회비용을 생각해 보라는 건 하고 싶은 욕망을 무조건 억누르라는 게 아니라 여러 가지 욕망을 다 들여다보라는 거야.

남에게 도움이 되고 싶은가? 과시하고 싶은가? 맛있는 걸 먹고 싶은가? 투자를 하고 싶은가? 선물을 주고 친구와 더 친해지고 싶은가? 당장 가지고 싶은 것을 살까? 미래에 가치가

오를 것을 살까? 여러 가지 욕망을 다 따져 보고, 기회비용을 살펴보아야 후회가 되지 않는 선택을 할 수 있거든.

　돈이란 것은 어디까지나 보다 편리하고 풍족한 생활을 누리기 위해 만들어진 수단일 뿐이야. 그런데 충분히 편리하고 풍족하려면 얼마나 돈을 갖고 있어야 할까? 그건 사람마다 기준이 다 달라. 옷이 서너 벌만 있어도 충분하다고 여기고 만족하는 사람이 있는가 하면, 옷이 수천 벌 있어도 부족하다고 여기는 사람도 있지.

　돈이 아무리 많아도 욕심이 채워지지 않는 사람도 많고, 돈이 많다고 해서 꼭 행복한 것도 아냐. 진짜 행복은 남과 비교하지 않고 가진 것에 만족할 때 생기지 않을까?